REINHOLD STECHER
BERGWORTE

REINHOLD **STECHER**

BERGWORTE

Bilder und Gedanken

Mit Aquarellen des Autors

HERAUSGEGEBEN VON
PETER JUNGMANN

TYROLIA-VERLAG · INNSBRUCK-WIEN

BERGWORTE

DER INNERE REICHTUM DER BERGE

—

Die Bilder und Gedanken dieses Buches möchten ein wenig den inneren Reichtum der Berge erschließen. Sie wenden sich an jene Bergwanderer und Bergsteiger, die auf den Höhen doch noch mehr suchen als Fitness, Leistung, Sauerstoff, Sonnenbräune und einen Drink an der Bar des Berghotels. Aus der Begegnung mit vielen Menschen auf Klettersteigen und in Eisbrüchen, auf Wanderwegen und auf der Bank vor der Hütte habe ich die Überzeugung gewonnen, dass heute viele auf der Suche nach diesem inneren Reichtum der Berge sind.

Die Berge sagen ihr „Komm" zu jedem, für den eine Bergblume, die sich im Winde wiegt, ein Wunder ist. Sie sagen „Komm" zu allen, die die Natur als Geschenk betrachten und eine Landschaft erleben und erwandern wollen. Wenn die hier gesammelten Bilder und Gedanken bei Ihnen verwandte Saiten und Sehnsüchte zum Klingen bringen, haben sie ihren Zweck erfüllt.

WENN SIE ZU DENEN GEHÖREN,

—

die in unserer so mobilen Welt hie und da
Steuerrad und Gashebel, Tachometer und
Flugticket zurücklassen und die Straßenschuhe
mit den Wanderschuhen vertauschen und die
Aktentasche mit dem Rucksack, dann möchte
ich Ihnen gratulieren. Sie sind dabei, Ihr Leben
zu bereichern.

ABBIEGEN

Wir dürfen die sanften Wellen der Schöpfung
nicht vergessen. Auch wenn unsere Straße
durch Supermärkte und Rechenzentren führt –
ab und zu müssen wir ins Grüne abbiegen.

UNSERE ZEIT BRAUCHT RUHEBÄNKE.

Wir brauchen Augenblicke, in denen es gelingt, in die
Dinge, die Geschehnisse und sich selbst hineinzuhorchen
und in denen man vielleicht sogar das ferne Rauschen
der Brandung der Ewigkeit vernimmt.

STILLE

—

ist die Einladung zum tieferen Menschsein. Alle wahrhaft Großen der Weltgeschichte haben das gewusst und sind von Zeit zu Zeit ins Schweigen gegangen. Durch das Schweigen der Wälder, der Spiegelung des Himmels in ruhigen Wasseroberflächen geht so etwas wie ein Hauch der Ewigkeit.

Das Staunenkönnen

ist ein fundamentales Vermögen des Menschen. Im Phänomen
des Staunens gleitet ein Vorhang zur Seite, öffnet sich ein
Fenster – im Staunen beflügeln wir den Schritt des Geistes.

geist

ERFAHRUNGEN MIT WIDERHALL

Die Berge sind eine Schule gesunden Erlebens.
Sie schenken Erfahrungen mit Widerhall,
stundenlange Spannung und Erwartung und
eine ruhig auskostende Freude.

MENSCHLICHE BEGEGNUNG

Der Berg birgt die Chance menschlicher Begegnung.
Auf den Höhen rücken die Menschen zusammen.
Der Berg weckt Hilfsbereitschaft, es brechen Formen
der Kameradschaft auf, die im Alltag nicht so leicht
gedeihen.

k a m e r a d s c h a f t

EIN GIPFELKREUZ

sagt viel mehr als ein Vermessungszeichen. Es deutet den letzten Sinn aller Wege: die erlösende Liebe des Unendlichen.

WASSER

Das Rauschen des Wasserfalls oder eines Bergbachs
bleibt vornehm und beruhigend. Und ein ganz still
in der Sonne liegender Bergsee, in den die Firne
hereingrüßen, ist eine Therapie.

WER ZUR QUELLE WILL,

muss aufwärts gehen. Und er muss gegen den Strom waten. Es ist immer ein Weg mit Widerstand, ein Antreten gegen den Trend, eine Fahrt, auf der man sich nie treiben lassen kann.

TRINKWASSER

Einer der größten Schätze unserer Heimat ist das Wasser.
Wenn ich an die Ausläufe mit reinem Quellwasser in meiner
Wohnung denke und zugleich an die verdurstenden Siedlungen
der Welt, die kilometerweit wasserschleppenden Frauen und
Kinder, die schmutzigen Pfützen, aus denen man mit dem
Wasser unzählige Krankheitskeime schöpft – dann fällt über
den sprudelnden Wassersegen meiner Heimat aber auch ein
Schatten und mit ihm eine Verpflichtung zur Solidarität mit
den Durstenden.

FELS

Wir brauchen das Erlebnis „Fels" in unserem Leben.
Wir brauchen den Felsen gütiger Wahrheit, der nicht
zerbröselt und zerbricht, und wir brauchen den festen
Griff der Überzeugung, mit dem wir uns an dieser
Wahrheit festhalten.

WER HINTER DEN BERGEN HAUST

Die Bergwelt spricht in einer vornehmen, diskreten, aber eindringlich-wuchtigen Sprache von dem, der hinter ihr haust. Und wer diese Sprache hört und erfasst, dem erschließt sich der größte Reichtum des wandernden Menschen.

EINKLANG

—

Es ist ein wunderbare Erfahrung, wenn Mensch und
Schöpfung, dunkler Abgrund und lichte Höhe,
Gipfelspur und blauer Horizont, Leben und Tod, Zeit
und Ewigkeit in der Seele zusammenklingen wie eine
große Symphonie des Daseins.

LICHT

Das Faszinierende ist der große Eroberungszug des Lichts.
Der erste Schimmer im Osten, die steigende Helle, die dann
plötzlich die höchsten Ketten streift, auf den Gletschern rosarote
Teppiche ausbreitet und auf den Firngraten Feuer anzündet.
Und dann das langsame Hinuntergleiten des Lichts in die grünen
Steilhänge, die Almböden und die Hochwälder. Eigentlich
möchte man vielen Mitmenschen dieses Bild der siegreichen
Sonne, die das Dunkel auflöst, in die Seele wünschen.
Denn in den Tälern unserer Gesellschaft gibt es viel Dunkel.

das dunkel

aufgelöst

SCHAUEN

Berge lehren das Schauen. Der Blick
von oben verhängt sich nicht im Vielerlei.
Er umarmt die Welt und den Himmel.

Am Gipfel,

wo die Welt zu Ende geht und wo über uns nur mehr der weite
Himmel steht und die Wolken ziehen, wächst aus dem Blick in
die Tiefe und Weite die Frage nach dem Sinn des Ganzen.

s i n n

SCHWEIGENDE LEHRER

—

Die Berge sind schweigende Lehrer.
Sie wahren weite Räume der Stille.

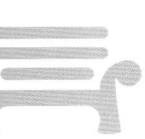

AN DER SCHWELLE

Berge führen viele Menschen an jene Grenze, die man die Schwelle des Glaubens nennt. Sie tun es still und unaufdringlich, behutsam und vornehm, und gerade deshalb tun sie es so eindrucksvoll.

DIE BOTSCHAFT DER BERGE

Die schlichte Inschrift auf einem Bergkreuz
unter der Wildspitze lügt nicht, wenn sie sagt:
Viele Wege führen zu Gott –
einer geht über die Berge!

NACHWORT

Reinhold Stecher ist oft „ins Grüne" abgebogen. Er war ein begeisterter Bergsteiger und Wanderer. Nicht nur einmal hat er eine bischöfliche Verpflichtung für eine Bergtour sausen lassen, um zur Ruhe zu kommen, „eine Ruhe, die die Seele auf Aussichtsplätze führt, eine Ruhe, in der man sensibler wird für das eigene Leben und das der anderen", wie er in seiner letzten, nicht mehr gehaltenen Predigt vom 29. Jänner 2013 schreibt. Oft ist Stecher von Innsbruck nach Maria Waldrast gegangen oder zum Höttinger Bild und weiter ins Karwendel. Er hat den Großglockner und viele Dreitausender bezwungen, allein zur Serles, dem „Hochaltar Tirols" in den Stubaier Alpen, dürfte er an die 35 Mal aufgestiegen sein – betend, meditierend, staunend über die Wunder der Natur, dankbar für das Schöne und Gute in der Welt. Im Vertrauen darauf, dass es einen Gott gibt, der niemanden fallen lässt und mit seiner grenzenlosen Liebe alles und alle umfängt. Für Bischof Stecher hat sich die Welt im Gehen erschlossen. Vielleicht gelingt es ja auch uns, Welt, Schöpfung und Leben als Geschenk zu begreifen und mit dem Echo der Dankbarkeit im Herzen auszuschreiten.

PETER JUNGMANN

Obmann des Bischof-Stecher-Gedächtnisvereins
www.bischof-stecher-verein.at

Die Bildmotive:

Umschlag: Wilder Freiger, **Seite 6:** Lang- und Plattkofel mit Sella, **Seite 9:** Ruhiges Wasser (Inn mit Serles), **Seite 10:** Morgen über den Stubaiern, **Seite 13:** Morgen am Haidersee (mit Ortler), **Seite 17:** Aufstieg am Morgen, **Seite 19:** Kreuz am Kraxentrager (Zillertaler Alpen), **Seite 20/21:** Col de Bois – Travenanzestal (Dolomiten), **Seite 22:** Bergsee, **Seite 25:** Bach in der Schlucht, **Seite 26:** Ötztaler Ache, **Seite 29:** Die stille Welt, **Seite 30/31:** Abendlicht über dem Glungezer, **Seite 32:** Col di Lana, Monte Sief, Marmolata, **Seite 35:** Murfreittum und Langkofel, **Seite 36:** Erstes Licht über der Marmolata, **Seite 39:** Morgenlicht im Oberinntal, **Seite 42:** Der Aufriss – Wolkenspiel über dem Schlern, **Seite 45:** Geislerspitzen (Südtirol), **Seite 46:** Großglockner.

© 2021 Verlagsanstalt Tyrolia, Innsbruck

Die Texte stammen aus den im Tyrolia-Verlag erschienenen Büchern von Reinhold Stecher, großteils aus dem Buch „Botschaft der Berge". Für die Zustimmung zur Verwendung von Aquarellen aus dem Nachlass von Bischof Stecher danken wir den Nachlassverwaltern Dr. Paul und Inge Ladurner.

Layoutentwurf: stadthaus 38, Innsbruck
Gestaltung: Studio HM, Hall in Tirol
Lithografie: Artilitho, Trento (I)
Druck und Bindung: FINIDR, Tschechien
ISBN 978-3-7022-3948-0
E-Mail: buchverlag@tyrolia.at
Internet: www.tyrolia-verlag.at